COLLECTION « MOTS »

Dirigée par Erik Orsenna et Paul Fournel

Les nuages
au-dessus de l'eau

Georges Kolebka

Les nuages au-dessus de l'eau

Editions Ramsay
9, rue du Cherche-Midi, 75006 Paris

ISBN 2-85956-317-2

I

Désillusion sous un marronnier

à Mimi

Serge est assis sous un marronnier, près de la maison tavelée et griffée de petits traits de vieillesse. Soudain il entend un bruit à côté de lui, dans l'herbe : c'est un marron qui vient de tomber.

Et voici que là-bas, sur la route devant la maison, passe une fille à vélo. C'est Marinette. Elle lui tire la langue longuement, puis disparaît emportée par son biclo ornementé de manière prétentieuse de bouchons en plastique coincés entre les rayons.

Quelques instants après, Serge entend un quidam qui descend dans le chemin longeant le verger attenant à la maison. Il compte le nombre de bruits de souliers sur le sol, et c'est Guillaume qui apparaît maintenant dans la trouée de la haie ; il s'arrête. Quelques injures de part et d'autre s'ensuivent.

Et après avoir montré sa bistouquette par nasarde, Guillaume se reboutonne et s'en va en braillant des choses très dégoûtantes.

Pendant ce temps-là, Claude et Monique qui jouaient tout à l'heure avec Serge, se sont éclipsés. Monique, c'est un peu sa fiancée à Serge, sans que rien ait été vraiment dit, mais c'est comme si ; et Claude, c'est un copain, pas le meilleur, non, mais un bon copain comme ça... Ils se sont isolés dans un renfoncement du verger, près d'une haie.

Serge qui remâche ses humiliations récentes, se lève. Il s'approche et voit Claude et Monique qui sucent leur pouce, allongés l'un sur l'autre.

Serge est revenu sous le marronnier et creuse un marron avec son canif. Tout à coup, il dérape et manque de se couper. Ce que ça peut être con, quand même les marrons ! Et il le lance à travers le verger. Il a très fort envie de pleurer.

Le cœur léger

Vincent est allongé dans l'herbe de tout son long. Il compte les herbes qui sont juste dans le champ de son regard. Il aimerait pouvoir les différencier, les écarter du doigt les unes des autres pour pouvoir les décompter avec exactitude. Mais il ne peut que s'y employer mentalement, ce qui n'est pas du tout commode, car les tiges se croisent, se chevauchent, se confondent. Afin de canaliser la débandade de ce dénombrement impossible, Vincent s'assigne des aires plus restreintes pour pouvoir compter les herbes sans être entraîné dans la dérive de l'infini herbu. Il s'y reprend d'ailleurs à plusieurs reprises car, après s'être fixé virtuellement des repères, il les perd dès qu'il déplace un peu son regard.

Tout cela est compliqué et demande que, le nez dans l'herbe, on y revienne sans s'agacer. Et pendant qu'il se livre à cette microscopique comptabilité, Vincent sent dans ses paumes le bouillonnement des dentelles qui énervent, empêchent, retardent tour à tour ses doigts et leur proposent en même temps d'avancer. Peu à peu sa main fait naître des soupirs en frôlant le chiendent. Allons, tout ne sera pas perdu.

Plus tard, alors qu'il revient en divaguant dans le taillis en se baissant de temps à autre pour éviter les basses branches, la voix de Kouka, derrière lui, se fait entendre. Mais à quoi bon qu'elle l'appelle maintenant : « Salaud! Reviens ! Salaud... » Ça n'y change rien.

Le bleu du ciel et les arbres et la route n'ont rien de bien remarquable, et pourtant ils donnent envie de brailler et de chanter.

Le cœur était très léger ce jour-là et débarrassé de ses entraves.

S'échapper

« Avec ténacité et minutie, le roi bat la campagne en tous sens. Il chamboule les mousses, il ploie les mottes, il soufflette les pierres, rudoie les marais, trouble les écorces, querelle les crêtes, culbute les graminées, tarabuste les pistils, fouaille les pollens, flétrit les boues, tenaille les souches, bouscule les pâtis, cogne les aubépines, cingle les jonchées, rosse les humus, étreint les lamiers, mornifle les fétus, tanne les fougères, tord les élytres, mortifie les plumes, flagelle les ruisseaux, malmène les fourrés, secoue les feuilles, heurte les branches, fouette les eaux, pince les chemins, brutalise les sous-bois, saccage les collines. Il n'a de cesse, bien que ce soit en vain. Mais tout en battant la campagne, il se dit qu'elle finira bien par causer, la garce. »

C'est un texte que Plume-au-vent, mon voisin d'en face, m'a jeté un jour de sa fenêtre après m'avoir fait de grand signes pour attirer mon attention.

Assis chaque jour à sa table, portant un éternel gilet gris, Plume-au-vent, c'est le surnom qu'on a fini par lui donner, n'arrête pas d'écrire. D'ailleurs la semaine dernière, chez le boucher, sa femme s'en plaignait. Il paraît qu'on peut à peine entrer dans sa chambre, tellement elle est encombrée de boîtes dans lesquelles il fourre tout ce qu'il griffonne — des pages et des pages, dit-on. Mais le texte qu'il m'a envoyé, roulé en boule, est le seul que je connaisse de lui, sinon nous ne nous sommes jamais adressé la parole. Les rares fois où nous nous sommes croisés, c'était en revenant du supermarché, chargés l'un et l'autre de paquets; nous nous étions vaguement, ou plutôt, timidement salués.

Pourquoi m'a-t-il envoyé ce papier ? Je l'ignore. Voulait-il me faire la confidence d'une amitié muette, me faire partager l'incompréhension dont il était l'objet ?

Aussi incertains, aussi peu pesants, aussi

inutiles que soient ces bouts de texte, ils demandent malgré tout qu'on les nourrisse un peu de sa vie pour exister à leur tour ; c'est peut-être cela que voulait me faire comprendre Plume-au-vent, me disais-je l'autre soir en mettant le couvert, tandis que ma femme achevait de se sécher les cheveux — elle se les était lavés avant le dîner.

Les traits tirés

Dans un rectangle, des traits sont tracés. Certains sont horizontaux, d'autres verticaux. Il y a aussi des traits obliques. Tous les traits sont noirs. Quelques-uns sont épais, d'autres pas. Il en est qui, reliés à aucun autre, tournent ou bouclent, et forment des sortes de nuages. Sinon, tous les traits sont bien droits, et s'ils ne se croisent pas, ils sont parallèles, mais serrés les uns contre les autres. De telle sorte qu'il y a ici et là des zones plus ou moins grandes à quoi s'ajoutent quelques taches, mais pas trop. L'ensemble est assez gris et par endroits presque foncé, c'est-à-dire quasiment noir.

Bertrand y a passé le samedi après-midi et le

dimanche matin. Ça rend bien, à présent. Il est quoi ? Quinze heures. A la radio, il y a de la musique, du classique. Bertrand a allumé une cigarette et fume tranquillement devant tous ces petits traits tracés de sa main.

Quelle transparence, et juste l'essentiel du visage qui est comme en filigrane dans tout ce réseau de traits, si on regarde très attentivement. Josiane sera contente lorsqu'elle se verra ainsi, finement historiée et en moderne. Elle sera étonnée de voir comment il la voit, Bertrand. Il essaie d'imaginer sa tête et il sourit ; et il rejette la fumée par les narines. C'est marrant tout de même à quoi tient l'art. C'est comme l'amour, à peu que ça tient !...

La mémoire chaleureuse

Les bulles remontent, serrées dans le verre de bière, et se regroupent au milieu d'une colonne formée par des dizaines de bulles. Sur la nappe en papier du restaurant où le soleil projette l'image du verre, on distingue bien la colonne et les bulles qui n'en finissent pas de monter. Marcel pose le doigt dessus, puis il saisit son verre. Après y avoir introduit le nez, il avale une gorgée et jette un regard sur Jérôme en face de lui. Celui-ci, la tête dans les épaules, penché en avant, avale une plantureuse fourchée de spaghetti qui disparaissent en faisant un mince et long bruit humide dans sa bouche. Un peu de tomate reste aux commissures, sur le passage des longues nouilles, et aussi une goutte sur le menton, de sauce.

— C'est marrant, dit Marcel, le souvenir que j'ai gardé de cette bonne femme qui avait peut-être cinquante ans à l'époque dont je te parle. Moi, j'avais neuf, dix ans, peut-être ; j'étais en pension chez elle pour les vacances, en même temps que d'autres enfants... Je me souviens très bien, il faisait beau... Bah, oui, forcément, crétin que je suis ! puisqu'on était en juillet ou en août, et que c'était les vacances !... En tout cas, je me rappelle que ce matin-là, je suis entré dans la cuisine pour chercher un morceau de ficelle, ou quelque chose comme ça, et je l'ai vue qui faisait sa toilette. Il n'y avait pas de salle de bains dans les maisons, comme maintenant. Non...

Tout en avalant ses pâtes, Jérôme regarde Marcel et hoche la tête pour signifier qu'il suit cette histoire avec intérêt. A moins que ce ne soit pour lui montrer qu'il est d'accord sur le fait qu'à l'époque il n'y avait pas de salle de bains dans les maisons comme il y en a aujourd'hui.

Marcel continue :

— Sans doute elle s'imaginait qu'elle ne serait pas dérangée. Aussi elle n'avait pas pris la précaution de fermer la porte... Bref, je suis entré et je l'ai vue près de l'évier... Je me souviens très bien que j'ai été ébloui, parce que je venais du dehors. Le ciel était bleu, mais bleu ! On avait l'impression, ça va te paraître bizarre, mais on avait l'impression que le ciel était monté, comment t'expliquer ça ? Que poussé par l'air chaud, il était remonté très haut...

— Deux autres demis ? interrompt à cet instant le garçon, aimable et flagorneur.

Jérôme et Marcel se regardent. Marcel, embarrassé par sa confidence, sourit, en ayant le sentiment d'être épouvantablement niais, tandis que Jérôme dit : « Oui, s'il vous plaît... »

Pull jaune

Berthe, lorsque le temps le permet, va s'asseoir dans le jardin, en face de son noyer. Elle tire sa chaise à quelques mètres de l'arbre et passe une partie de l'après-midi ainsi.

Elle ne cesse de répéter, c'est Pierrette qui l'a dit à qui veut : « Mon noyer me regarde vieillir. » Et elle se le redit souvent.

Et sachant que rien n'est plus volatil qu'une idée, pour la faire renaître avec la même intensité première, elle se met à un tricot qui lui procurera le dérivatif susceptible de faire revenir par hasard, précisément, cette idée.

En même temps que le tricot qu'elle bâtit, Berthe grignote un fruit, et un autre. Elle est très gourmande et très avide, dit d'elle Pierrette. Est-ce alors l'un qui entraîne l'autre : le grignotage qui tire le tricot, ou le contraire ? Toujours est-il que Berthe, en ce moment, est après un pull jaune.

Devant son noyer, elle tâche de noter les modifications qui doivent se produire de jour en jour, qui se produisent, et qu'elle a du mal à distinguer.

C'est difficile, jour après jour, sûrement, mais Berthe est têtue. Elle voudrait avoir remarqué que telles feuilles ont poussé, que telle branchette s'est inclinée ; mais c'est impossible, évidemment, et c'est trop haut ! Il faut être elle pour avoir de telles et idiotes billevesées dans la cervelle.

En tout cas, comme à plaisir, mais plaisir morose, Berthe ne cesse de répéter que si elle ne parvient pas à noter les modifications de l'arbre, lui, sans doute, tandis qu'elle est assise, à tricoter et à grignoter, doit remarquer les changements qui s'opèrent au fil des ans en elle.

Mais ce qui la console, ajoute-t-elle, c'est que cette andouille ne peut rien en dire, lui, ou elle, peu importe.

Le présent

A part quelques pièces esquintées, tout est neuf. En haut de la boîte, il y a les grandes plaques :

odeur monsieur monsieur renard renard dépens joie langage maître maître leçon fromage fromage voix mots bois arbre hôtes bonjour bec bec plumage doute flatteur proie phénix ramage corbeau corbo corbo corbo

au-dessous, les p'tites :

joli beau confus tard tout bon alléché belle large honteux perché

à côté, les engrenages :

tenait tint tête êtes semblez mentir montrer se sent ouvre dit apprenez écoute vaut jura prendrait vit s'en saisit tomber se rapporte laisse

les tringles et les manivelles :

mon son sa sa votre votre ce ces ces cette vous vous vous il lui me l' l' l' celui en y qui on le le le le l' du des un un un un un de de de

et dans un petit logement en carton, les boulons et les écrous :

hé peu bien à peu près ne ne pas que que plus sans sur en par à à pour aux et et et mais si qu' " " " " ! ! ! : : : ; , , , , , , , , , , , , , , , , , , , ...

C'est son oncle à Charles qui lui a apporté cette boîte de meccano qu'il a trouvée, il a dit, dans la poubelle en bas, sur le trottoir, en venant ici, chez sa sœur, la mère à Charles.

Devant le jeu quasi impec', à part quelques pièces un peu tapées, Charles ouvre tout grand ses quinquets. Après s'être prêté à l'effusion avunculaire, Charles déballe avec enthousiasme. Il sort les premières plaques, les manivelles et les tringles dans un désordre euphorique et les pose sur le parquet. Il les tournicote entre ses mains, les examine, essaie de les faire entrer les unes dans les autres. Peu à peu, il acquiert une meilleure vision de tous ces bidules ; il commence à deviner l'usage de chacun et ses particularités. Alors la première excitation passée, il se met en devoir de trier et de rassembler tout ce qui va entrer, suppute-t-il, dans la composition de la construction-château-édifice-merveille qu'il se propose de. Et pendant que son oncle, avec ses parents, prend l'apéro, histoire de se mouiller et rafraîchir le gosier, Charles, sur le parquet, parmi les morceaux du meccano qu'il assemble, aperçoit un bout de ciel ou quelque chose comme ça.

Bucolique

Dans un air doux, limpide et richement irrigué de bonnes senteurs, par un après-midi satiné, les prés s'étirent en de longues ondulations jusqu'à l'horizon qui se tient sur son seuil, dans une gloire modeste. Des heures peu soucieuses de leur évanouissement, traversées de cui-cui, vont se perdre dans toutes les directions.

Au bord d'un bouquet des champs qui se dresse sur ses racines, une abeille sérieuse aux pieds odorants, s'empresse. A quelques pas, près du ruisseau qui coule au milieu de la vallée sucrée, une libellule vrombit et se dépense en allées et venues somptueuses au-dessus des hautes graminées mollement mobiles.

Plus loin, une vache volumineuse fabrique du lait, tout en ajoutant la note délicieuse et grasse de sa sonnaille au bourdonnement de toutes les petites manufactures de la nature dispersées dans les touffes d'herbes et les fourrés.

On ne peut rêver abeille plus industrieuse, libellule plus hyaline, ruisseau plus transparent, berges plus moussues, prés plus frais et, loin là-bas, faneurs plus pittoresques avec leurs fourches, faneuses plus légères avec leurs chapeaux de paille.

Mais après s'être nourri de tant de joliesses, voici que le cong'paye se sent l'estomac de l'œil tout à coup gavé. Soudain c'est trop, toutes ces nourritures de la campagne. Il a besoin de s'alléger et de se rincer la vue. Il ouvre donc un livre et commence à lire. Peu à peu il sent que se dissipe l'effet des riches nourritures agrestes dont il se bourra. La purge d'encre commence à lui faire du bien, quoiqu'il se sente pas mal barbouillé. Aussi songe-t-il à reprendre bientôt le train et regagner la ville.

Côté jardin

Le vieil abricotier, au milieu du jardin, transpire. Comme nous tous, assis dans des fauteuils de rotin.

Dans les haies, ça bouge mais très peu, par à-coups, de temps en temps, furtivement, de façon précipitée, d'un jet, d'une courte bousculade. Et l'herbe s'est dégrafée. A peine si nous parlons. Mais nos phrases s'arrêtent toujours à l'instant où nous nous mettons à regarder une nouvelle fois l'été, au loin, en train de brûler paisiblement la végétation.

Sur le carrelage de la cuisine, par la porte ouverte, on aperçoit Box. Son nez contre le carrelage est environné de goutelettes de transpiration ; ses yeux sont fermés.

Si je savais écrire, dit Ganaël, ma femme, j'écrirais que l'après-midi est en train de faire naufrage devant nos yeux, là-bas, au-delà de la haie, vers les jardins — mais je ne sais pas.

C'est dommage, en effet, car Ganaël a le don de la poésie. Et dans l'ombre fruitée de l'abricotier, voilà que nous nous remettons à parler.

Floue, hésitante, et quoi encore ? peu importe, la conversation va et vient, bercée par un souffle de vent.

Légers, nos propos font vibrer l'air plus intensément que le papillon qui volette à quelques mètres ; celui-ci vivra néanmoins plus longtemps que nos paroles.

Dommage, oui, que Ganaël ne sache rien retenir de tout cela ; enfin, tant pis.

Chipolata

Robert bâille en s'étirant un petit chouille. Il regarde par la fenêtre : quel ennui, décidément. S'il prenait une douche afin de se rafraîchir l'enveloppe ? C'est ce que.

Puis, après ce faire, se déplace jusque devant son armoire. L'ouvre et contemple sa collection extra-chic de chemises, de caleçons américains et de cravates délicieuses. En choisit une à tomber. S'ajuste, puis referme l'armoire. Se regarde avec complaisance.

Jusqu'en son salon Robert se propulse, le corps paresseux et l'esprit de même. Se gratte derrière soi en rebâillant. Fut content de ces deux choses à la fois. Chipote quelque cacahuète salée qui, au milieu d'autres, se desséchait dans une coupelle. Saisit une revue un brin porno, la feuillette sans que ni quoi. La repose et va jusqu'à la porte pour voir si. Se baisse. En effet, il y en a : une carte postale par la concierge glissée sous la porte. Envoyée par Bernard et Claudine, elle est. La lit : « Cher Robert, l'as-tu toujours aussi grosse que le nez ? Trouve-t-elle à s'employer, depuis le temps ? Allons, un effort, vieux vicieux engourdi. En tout cas, nous, de ce côté, ça boum. A bientôt, chère vieille saucisse. »

Robert se rend au fond du jardin dans la petite cabane de bois percée d'un cœur, que par un goût tortueux il s'est fait installer. Se concentre, et produit son jaune avec puissance. Puis la regarde qui pend, va vieille chipo à pleurer.

Epure

Nous étions parvenus au sommet de l'hyperbole, du haut de laquelle nous dominions la congérie aux multiples aspects ponctués de dizaines de points d'interrogation. A qui était cette ferme ? Quelle était donc cette maison derrière son rideau d'arbres ? Où menait ce petit sentier ? Quel était ce village derrière ce bois, ou cette plantation que l'on ne voyait pas ? Les impressions et les vifs plaisirs que nous procurait le spectacle vert et marron, quelquefois jaune ou parsemé de points bleuâtres, méritait bien les emphatiques points d'exclamation que Tibondeau et moi lui accordions.

En suivant le sentier, à travers l'hyperbole,

c'est Tibondeau qui avait baptisé ainsi la colline, je butai soudain contre une virgule.

Je me penchai et l'examinai, et comme Tibondeau se tournait vers moi pour me demander ce qu'il se passait, je lui dis : « T'as vu, ce caillou ? » Tibondeau s'approcha. « Regarde, on dirait une paire de fesses, les reliefs dessinent une sorte de paire de fesses », je lui dis. Tibondeau m'emprunta le caillou, et, après l'avoir tripoté durant un moment, rétorqua : « C'est plutôt un visage. Tiens, regarde, au milieu il y a le nez et de chaque côté, assez bas, comme deux yeux baissés. »

Peut-être, me dis-je. Et je fus un peu troublé. Pourquoi Tibondeau avait-il presque toujours raison ? En tout cas je gardai le caillou, et nous continuâmes.

Quelques asymptotes sonores, montant de la vallée, annoncèrent la fin du jour : un chien quelque part, qui aboyait ; le grincement d'une scierie qui cessa de scier ; et, minuscule, une moto qui s'évanouit sur la petite route entre deux grosses taches de vert foncé. Nous décidâmes alors d'achever d'un trait notre promenade et de rejoindre les gris gribouillis de la vie quotidienne, en bas, en ville.

Le soir, j'examinai le caillou : pourquoi fallait-il que Tibondeau me contrarie toujours un peu, pas vraiment, mais toujours un peu, et sur de multiples sujets ? Rien de ce qui nous réunissait n'échappait à ses rectifications ou à ses points de vue légèrement différents des miens. Pourtant ma médiocrité eût dû lui suffire sans que chaque mercredi il me fît la démonstration de sa supériorité. Un ami n'était-ce pas quelqu'un d'exactement comme vous ? C'est l'une des questions qu'il m'arriva de me poser entre quatorze et seize ans. Et l'une des réponses que je me faisais était : un ami n'est pas quelqu'un d'exactement comme vous.

Trop de petits chichis

La table de cuisine essuyée à l'éponge et brillant encore d'humidité, les légumes épluchés, la casserole remplie d'eau et mise à bouillir sur la gazinière, Paulette s'accorde un moment. Elle ouvre la fenêtre de la cuisine et s'accoude. En bas, dans la courette, la petite concierge est en train d'accrocher des chemisettes et des socquettes sur une corde à linge. Elle lève les bras, tirant ainsi sur sa robette qui moule ses petites fesses.

Assis à même le sol, le bout'chou de la concierge, vêtu d'une salopette, joue avec des gobelets rigolos en plastique. Il les empile les uns sur les autres et quand la pyramide est achevée, d'un coup de sa menotte, boum ! il la fait dégringoler. Le moutard se tord alors de rire. Dans un coin de la courette, le toutou de la concierge bâille en étirant ses papattes.

Après avoir étendu son linge, la petite dame va laver le sol à grandes eaux, et à cet effet a mis son seau à remplir sous le robinet qui glougloute bruyamment.

A cet instant traverse Parizeau, le potier, qui rejoint son atelier dont la porte donne sur la cour. Sa tête est recouverte d'une gapette.

Mince ! un peu de littérature est en train de mijoter là, se dit Paulette avec gourmandise. Elle court chercher son cahier et son feutre. Et dare-dare. Mais au bout de peu de temps ça gonfle et ça grandiloque, et ça se met à attacher. Paulette laisse alors tomber son feutre en soupirant et jette un regard navré vers la courette : l'essentiel de ce moment lui a encore échappé.

Méli

à Héloïse

Pour commencer on a rater le bateau. Après on est aller dans l'eau pour ratraper le bateau avec nos chifons. Ansuite c'était la nuit, on a lacher le bore du bateau. On a du ratraper le bateau. Une fois ratraper le bateau plus mort que vife on s'est endormi. quan on s'est révailler on s'est apersue qu'on était sur le bateau.

En dorment on est tomber a l'eau. Quan on s'est révailler on était dans l'eau et le directeur du bateau arrivait. On lui a dit qu'on émait prandre un bain. Après cétait le tour des chifons. Il sont tombers a l'eau. On na du ancore une fois prandre un bon bain en ratrapan les chifon. Puis se fu midi, on nous a apporter le déjener.

On n'émait pas la nouriture. le directeur est arriver. ancor une fois. Il a dit « quessece que vous fabriquer ». On lui a dit « qu'on émait bien regarder le ciel avent de manger » ce qui n'était pas vrait. Le matin on se promenait et tou din coup on tomba dans la boue. Puis on a jouer a ce jeu la. Voici comment il faut jouer. On se mes sur des chaises on monte sur un matela et on doient allez sur un lit superposer sans marcher sur le noir ni sur le plafon et on doient ne pas se tenire.

Et puis on disait que on était dans un orfolina et que il y avait des serpans qui paralisait. Alors Nicolas nous soigner. Après on disait que sétait mon annivairsaire. Mon cadeau sétait une pière rouge. Elle était enbaler par 4 papier. Elle était lède.

Gel

L’air trembler comme une gélatine délayée et se diluer dans le temps qui passer en pure perte. Quelques corbeaux s’abattre autour d’un noyer au milieu d’un jardin désabusé, près de l’église.

La porte d’une maison claquer dans le silence. Des turbulences parcourir les rues et obliger les uns et les autres à courir ou presser le pas, en baissant la tête. L’air vous mordre le visage d’une infinité d’aiguilles fines. Malgré les jambes agitées vite, les poings dans les poches et le moins large de soi offert au froid, le vent vous malmener. L’on avoir envie de crier, de courir, de pleurer ou n’importe quoi d’autre pour se mettre à l’unisson du chambardement et du hululement du vent entre les maisons. On penser à des choses chaudes et des fumées de bien-être devant un radiateur ou le feu ; l'on presser le pas. Quelques gamins brailler et envoyer des boules de neige sur une voiture qui lentement passer.

Et puis le silence à nouveau s'abattre comme un grand manteau, comme on dire dans les livres de classe poussiéreux, sur les maisons ; et la fourrure de neige continuer à recouvrir toutes choses.

L'on se dire que le flou des formes ressembler à de vagues souvenirs. Et l'on pousser la porte du bistrot, où l'on rejoindre de l'humanité qui, sans rien dire, le verre devant soi sur la table, regarder rêveusement au-dehors s'agiter mollement un rêve de rue.

Toute cette sensibilité

Tout d'abord, prenant soin de laisser un fossé à gauche assez large, et un autre plus étroit à droite, allant d'un bon pas, je m'appliquerai à aérer le corpus par des couloirs horizontaux, allées d'un bel effet où l'œil pourra se reposer momentanément, pour repartir plus allégrement à la poursuite de mes phrases.

Usant de détails choisis avec discernement et avec un enthousiasme que rien ne démentira, et les disposant d'une manière primesautière afin de ne point entacher par une gravité calamiteuse mon propos, et l'amabilité de mon entreprise, je m'attacherai à te procurer, mon cher Guy, pour tes yeux et ton esprit, une fête.

Aux réponses à tes questions possibles, s'ajouteront des considérations tant sur le présent que sur le passé, sur la pousse ralentie en cette saison des rosiers en l'attente du printemps, comme des considérations sur les jours qui fuient, sans que, malgré nos désirs, nous puissions les retenir.

De l'ensemble se dégagera une vapeur qui s'élèvera et atteindra ta sensibilité, au point de te procurer comme une vibration, une petite nostalgie dont l'impalpable et la finesse seront comparables à celle du givre qui se pose un instant sur la pointe des chaussures, et en glisse, tandis que l'on marche dans le chemin.

Devant la disposition juste des vides et des pleins, tu éprouveras un plaisir des plus subtils. On ne dira jamais assez les vertus de la tranquillité bien comprise et du ferme classicisme. J'approcherai alors de la fin. Bien cordialement. Puis je signerai dans l'allée du bas. Ensuite aux P.T.T., et anxieusement, dans l'attente de ce que tu penseras.

Temps de cochon !

à Paul

Vautré sur un grand lit blanc moelleux, Eaklos, dieu des adjectifs et des épithètes, bâfre goulûment, la barbe dégoulinante. Pendant qu'il s'emplit avec saleté et gourmandise, Laïka, déesse des conjonctions de coordination lui tripote le (nuage). Mollement allongée tout contre, et enserrant de ses gros mollets le corps de Eaklos, Aspéra, déesse de la télé à crédit sur vingt-quatre mois, aux vastes et rebondies (nuage) lèche le (nuage) de Laïka. En même temps, de ses mains fines et filandreuses, Aspéra flatte longuement les (nuage) de Parminès, dieu des triangles équilatères et isocèles, des circonférences et de toutes les figures géométriques.

Benoît, celui-ci, tout en se laissant de la sorte materner, ne reste pas inactif pour autant : il accompagne d'une main floue, quoique savante et précise, Bataclès à la barbe effrangée et à la poitrine largement et floconneusement développée, comme un paquet de ouate qui se serait ouvert d'un coup. Bataclès commerce avec Epoma, la tête perdue dans les pommelées (nuage) de Domitia, déesse des calendriers.

Pour sa part, Domitis, déesse des épingles, des trombones et autres petites attaches, aux fermes, puissants et laiteux (nuage) se roule sur le (nuage) de Parminès, dont il a déjà été causé. Renversée tout contre Eaklos, elle laisse traîner ses doigts dans sa (nuage). Tandis que Violo, dieu des déclinaisons latines agite ses doigts, ses bras, ses cuisses, ses orteils au milieu du (nuage) dont il ne sait à qui il appartient. Il n'en perd pas pour autant de vue le (nuage) de Caracola qu'il honore, alors que celle-ci, déesse des religieuses et des babas, aux mousseuses (nuage), vastes comme les collines, bave abondamment.

Au-dessus de cet imbroglio, Acata, déesse des mots croisés et des jeux télévisés, s'agite, se secoue et déverse en riant du saumon, des petits fours, des jambons, des flacons de vin sur ses amis vautrés, emmêlés, coincés les uns dans les autres.

A quelques centaines de mètres au-dessous,

dans la rue qui serpente entre les maisons serrées et grimpe vers les faubourgs de la ville, François se hâte ; il a faim, surtout que lorsqu'il passe devant une porte ou une fenêtre, il sent des odeurs enivrantes de chou ou de pot-au-feu. Il lève la tête, voit dans le ciel les nuages qui s'épaississent, et il murmure : « Tiens, ça se couvre, comme dit mon oncle. »

Une période agitée

Le ver s'introduira dans le fruit. La nuit tombera sur l'Alhambra. Les soldats passeront le pont. Geneviève recevra pour son anniversaire un petit fauteuil en osier. Qui ira plus tard à la cave. Les taupes rentreront sous terre. Les routes tourneront. Les nuages accourront de l'horizon. Petite, en pension, Géraldine fera ses besoins dans un seau hygiénique en tôle. On le retrouvera au bout du jardin, rouillé et à l'envers. Il y aura des trous vieux et vilains dans le fond. Un vent se glissera au ras du sol. Les soldats patrouilleront dans le noir. L'acide rongera le métal. Les herbes s'inclineront. Des coups de pioche seront donnés. Des sacs de sable seront empilés. La canne à pêche de Jean sera montée au grenier. Les murs s'élèveront jusqu'à bonne hauteur. L'alerte sera donnée chaque nuit. La ville sera bombardée. Les rats sortiront des immeubles. Les troupes s'avanceront en suivant le fleuve. Les pavés retentiront du bruit des bottes. Le coffret recouvert de coquillages vernis, marqué au milieu « Berck Plage », que Mathieu aura offert à Mireille, sera jeté. Il sera au milieu d'un tas d'autres vieilleries, à la cave, parmi l'éboulis de charbon. Le bombardement durera toute la nuit. La flotte sera défaite à l'entrée de la rade. La lampe à abat-jour vert de Françoise tombera et se brisera sur le parquet, devant le buffet. Seul le service à liqueur, miraculeusement, sera retrouvé intact. Comme une traînée de poudre la nouvelle se répandra. La pluie tombera en fines gouttes. Tout le quartier Lamirand, la place, la rue principale avec la permanence de *la Gazette du Centre* et le Grand Bazar parisien, sera détruit. La nuit tombera sur la ville en morceaux. Et puis les gens reviendront sur des attelages, en voiture, ou à vélo. On reconstruira. Les montagnes se couvriront de fleurs.

Tartine

Mathilde écrit à Louise :

« Ma chère Louise, les touches légères et agréables à regarder qui donnaient l'impression de remuer dans le ciel, sont devenues sèches. Elles vibrent, fragiles, d'un court trait. Elles se détachent les unes des autres et constituent ce brouillard, ce ciel qui surplombe, en se décrochant, le paysage.

« Il a suffit de les suivre, de se laisser guider par elles pour que les touches pleuvent ensuite, fluides, et tombent par dizaines de pelotes, par bandes de moineaux pour former le sol, par régiments entiers pour faire le paysage. Comme de petits fascistes, elles m'ont imposé leur volonté, ainsi qu'à mon pinceau. Elles étaient si nombreuses que la toile, rapidement, a été recouverte et comblée.

« Désormais la tristesse devant ce paysage s'étend devant mes yeux — une douce tristesse, extrêmement réussie je crois.

« C'est curieux, parfois les touches semblent flotter comme une peau épaisse, elles emplissent mon horizon et entrent dans mes yeux où elles forment des images déprimantes. Est-ce cela mon existence, ces touches ? Touches après touches ? Cette tartine qu'il me faut chaque jour étaler ? Crois-tu que ce soit monotone, tout de même ! »

En couleurs

Une multitude de lampes déverse dans un verre ruisselant de bulles une boisson scintillante et à la mode. Bien que grossières et violemment colorées, les bulles ne nuisent pas à l'attrait de la boisson ni à l'envie de boire un jour prochain ladite.

D'autres bienfaits de la civilisation, à côté ou au-dessus, éclairent pareillement de leurs scintillements serpentins, en points, en traits, en courbes flatteuses l'avenue bordée d'arbres entourés dans le bas de petites constructions nouvelles, urbaines et en béton. Les immeubles restent sur leur quant-à-soi beige et gris sous un pareil déferlement de couleurs.

Juste en face de la fenêtre de la chambre de Marie, un couple copurchic vêtu d'étoffes précieuses et chères danse sur le pont d'un grand paquebot, et sourit à grandes dents, bien qu'elles soient petites et se perdent dans les points de la photogravure.

Elle a les pieds dans des sandales dorées, Marie, et elle a appris à danser les danses modernes. Elle a mangé un yaourt et un pamplemousse. Qu'est-ce qu'elle a pu dire comme conneries hier soir. Elle avait trop bu. Elle a essayé son nouveau shampooing. Sa tête se perd dans une grosse serviette éponge très chouette. Elle se fait les ongles des orteils et elle va téléphoner. Mais avant, elle relit la brochure toute en couleurs de « L'amour vite, très fort et tout de suite ». Elle désire la recevoir sans engagement et remplit à cet effet le bon à découper.

Crème

Quelques ronds tombent. Ils tombaient ce matin de bonne heure avec une belle constance.

Dans la matinée, tout le monde fut heureux de cet entêtement. Tant et tant de ronds blancs, la chaussée en fut couverte, et les trottoirs, et les maisons, et toutes les aspérités du relief.

Vers midi, le paysage urbain disparaissait sous une grosse couverture blanche, presque impalpable, et glacée.

Maintenant on dirait une énorme pâtisserie.

Les gens, entre ours et santon, marchent et enfoncent en crissant un peu. Ils glissent aussi parfois, brièvement et avec affolement, mais ça ne dure pas. Les maisons ressemblent à des contes de Noël et les arbres, quelque peu effarés, à des gens que l'on croise quelquefois dans un paysage d'hiver qui vous tourne le dos ; et on se demande d'où ils viennent, ces gens, et où ils se rendent.

La rue n'est plus qu'un mouchetis de points noirs et de points blancs qui dansent d'une manière compliquée, en montant et en descendant dans l'air. Une épaisse crème, douce à l'âme, recouvre maintenant le paysage. A quoi tient le bonheur ? A des petits points noirs quelquefois.

Développez en donnant vos impressions.

Assis à sa table, l'écolier commence :

Quelques flocons tombent, ils tombaient ce matin de bonne heure...

Vu de dos

C'est l'heure où les tarabustas naviguant au-dessus des grands marasmes endormis, plongent pour la dernière fois de la journée dans les boîtes à pollen. Il y font une bamboche à tout casser. Comme le gobelet coûte peu cher, ils en sortent barbouillés jusqu'à la casquette et retournent chez eux, une chanson de la campagne sur les lèvres.

Les gros tachetés, peu friands de ces ritournelles qui agitent l'air, secouent la tête comme s'ils étaient agacés. Parfois ils s'arrêtent et regardent d'un œil de bœuf la grande bâche sombre qui recouvre peu à peu le pâtis et plonge tout dans l'obscurité.

Un sournois, son arrogance brandie avec excitation sur le dos, comme un drapeau agité, passe près des grands tachetés qui le regardent en bavant. Rien que pour montrer qu'il ne s'en laisse pas imposer par ces armoires viandeuses, il jette sa morgue à tous les vents. Ça fait plusieurs voyelles accolées bizarrement qui déchirent la pâte ralentie du jour, dont le compteur revient à zéro.

Sur le pas de sa maison, pendant que Marguerite-Lise prépare le frichti, Etienne-Charles, revenant de racler la boue, se nettoie les paumes. Il lève soudain la tête et voit dans le chemin, à quelques dizaines de mètres, quelqu'un : c'est Pierre-Marie.

« Nom de Dieu, que vient-il traîner ses galoches par ici, celui-là ? » dit Etienne-Charles.

Et les mains humides, tant sa hâte est grande et son courroux qui monte vite dans sa gorge, il ouvre la fenêtre d'un coup sec.

Au bruit des vantaux tirés, Pierre-Marie a tourné la tête vers la maison d'Etienne-Charles.

Les deux s'aperçoivent. Malgré la distance, ils pensent chacun que leurs yeux brillent d'animosité.

Immobile dans l'encadrement de la fenêtre, Etienne-Charles ne quitte pas des yeux Pierre-Marie, qui fait exprès de marcher sans hâte, et même exagère sa lenteur.

Ils sont prêts à s'envoyer, à travers le jour qui se trouble maintenant, des expressions peu amicales taillées à coups de couteau.

Pendant ce temps, Marguerite-Lise s'active confusément devant le feu, dans un désordre dû à celui de sa tête à cet instant.

Pour qui n'entend pas le vernaculaire, cette acrimonie tenue sous le boisseau demeure incompréhensible. La campagne recèle comme ça des passions dont le vent a emporté depuis longtemps les manifestations luxuriantes, mais pas les racines.

II

Chipolatas

Autour de la maison ce n'est qu'exultation dans les calices et frémissements dans le paturin. Des hordes d'abeilles et de bourdons encerclent les roses trémières et les lupins. Pareille orgie autour des campanules et des giroflées... Tout près de la maison, l'air doit sentir la confiture de fleurs.

Dans le ciel, une hirondelle décrit sa jubilation en longues boucles qu'elle irise parfois d'un cri. Elle passe au-dessus d'un nuage de pommiers en fleurs dans lesquels s'agite une vie énervée, portée par des milliers de fins mollets et vibrant de milliers d'élytres agités dans une grande excitation.

Sous les arbres, dans le jardin, une chèvre mâche le frais réseau de l'herbe, près de la haie, là où la quête du plaisir prend des formes bourdonnantes, violentes et secrètes.

Après avoir jeté un coup d'œil à travers le cœur percé dans la porte de la petite cabane, Robert, tout en se reboutonnant, s'est retourné au-dessus de son marron moulé en deux.

Alors longuement, comme dans une glace, il a regardé les colombins et s'est vu, là, très ressemblant.

Eprouva, Robert, tout de suite après, en revenant à la maison, un très doux désespoir.

Saleté de temps

Les montres marchent. Elles parlent, vous écoutez. Les Gaulois étaient braves, mais inconstants. Les perdrix allaient se perdre dans les taillis. Nous plantons des fleurs et vous les arrachez. Vous tirez des coups de fusil et les nuages s'ébranlent. Les faucons fréquentent les rochers. Vous arrivez quand nous partons. Les trains partent quand la pluie arrive. L'heure est exacte au rendez-vous. Nous tirons profit de votre argent. Parfois les chênes sont riches et gais. Les choses sont telles qu'elles paraissent. Vous paraissez tout drôle. Six forts chevaux tiraient un coche. Corneille a écrit des choses. Le travail épouvante le regard. On nourrit la tranquillité dans un angle droit. Certains trouvent le bonheur dans le commerce de l'hypoténuse et de la bissectrice. L'appétit assaisonne les prix. Les lâches fuient dans leurs culottes. La patience gravit toute montagne. La chaleur corrompt les vertus. La lune tourne autour du problème. Bayard s'est couvert d'épines. L'Afrique ne sut comment se débarrasser des asies qui infestaient ses forêts.

François, penché en avant, grimpe la rue étroite qui mène vers les hauteurs de la ville, là où il habite. Ah ! vivement qu'il n'entende plus parler des verbes en ir et en oir, des triangles de toute espèce, des fleuves aux noms imbéciles à retenir et des participes passés. Il se hâte sur le trottoir humide entre les maisons d'où sortent des odeurs de pot-au-feu, de chou ou de frites. Maintenant il verbe fin et serré.

Tirer un trait

Par une lettre qui commençait par « Mon ex-Bertrand », elle lui dit qu'elle le remercie d'avoir fait son portrait en faisant se croiser des traits dans tous les sens. Mais elle le prie, au nom de ce qu'il appelait « mon grand amour », de bien vouloir lui préciser quelle est, à son avis, la couleur des yeux de ce grand amour. Et puis, lui qui la connaît si bien pour la représenter au moyen de traits si exactement, peut-il lui rappeler quelle était la couleur du pull qu'elle portait lorsqu'il l'emmena à Honfleur ? Et quelle robe elle avait quand ils allèrent se balader à Bruges ? Quelle est la marque de son soutien-gorge ? Quel shampooing elle utilise ? Quelle crème de jour ? Quelle marque de chocolat elle aime ? et de yaourts ? et de cigarettes ? Et quelle est la couleur qu'elle préfère ? Et que fait-elle quand elle est enrhumée ? Et que boit-elle volontiers quand elle se fait les ongles ? Et quand elle ne peut digérer, que prend-elle ? Et quelle marque de tampons ? Et pour rendre ses cheveux moins cassants ? Et sa peau, le dimanche, quel lait ? Et quel plat, oui, quel est son plat préféré ? Et quelles chaussures elle aime : à talons hauts ? à talons plats ? Et quels bijoux de préférence à d'autres ? Elle ne continue pas...

Mais elle ajoute que s'il y a stupidité de sa part à exiger des réponses à de telles questions, elle considère qu'il y a stupidité à passer des heures à croiser des traits. Car elle n'est pas ce qu'il croit.

Qu'il y a malentendu.

Qu'il se fait une fausse idée d'elle.

Qu'elle n'est pas une idée.

Ni une image.

Qu'elle est un être vivant. Un être bien réel qui se nourrit de concret. Quelqu'un de prosaïque. C'est dommage, mais c'est comme ça ! Une sorte de chose, d'une certaine manière. Mais la vie est faite de choses, et elle, elle est au milieu des choses, avec les choses, et heureuse de cette manière. Aussi, et définitivement, elle préfère son épaisseur. Quant à lui, qu'il garde ses traits.

Trop d'adverbes

à Hélène

Parizeau prend de l'argile. Il la trempe hardiment ; la malaxe amplement.

Lorsqu'elle est prête, il en prélève résolument un morceau qu'il dépose sur la girelle.

Il trempe ensuite ses mains dans la barbotine ; puis de la plante, actionne son tour. Lambin d'abord, un peu moins quelques secondes après, rapidement enfin, l'engin tourne. C'est l'instant que choisit le potier : dans la motte d'argile, il enfonce les pouces énergiquement ; puis les doigts, et toute la main.

La motte se creuse, la pâte monte irrésistiblement. Un cylindre apparaît entre ses paumes. C'est le vase, quasiment.

Quatre coups de pouce appliqués papillonnement, deux boudinets d'argile pour former les anses collées légèrement : le vase est achevé.

Parizeau se lève pour se dégourdir les jambes. Le vase doit sécher maintenant, et il fume une cigarette en le regardant. Passe le temps nécessaire, rapidement.

La température du four vérifiée, promptement Parizeau retire le vase afin de le glacer. Ce sera la dernière touche. Puis de nouveau dans le feu.

L'attente est longue, mais le résultat va mettre un terme serein à la frénésie industrieuse de Parizeau. La porte du four ouverte rapidement, mille précautions sont déployées afin d'extraire le cuit.

Le voici.

Malgré la longue habitude, Parizeau ne peut s'empêcher d'éprouver une joie jubileuse, mêlée cependant d'une petite anxiété. Aussi est-ce en retenant son souffle qu'il saisit le vase et l'élève avec d'infinies précautions vers la lumière, afin de le contempler.

Merde, il est tout craquelé.

Pour rien

Montalin me dit :

« C'est curieux mais si je me rappelle bien, la première phrase, d'une longueur moyenne, décrivait assez vaguement, mais avec un certain bonheur d'écriture, un endroit, ou un objet dont on ne sait s'il ressortissait à l'art des jardins, ou à celui de la calligraphie — ou à celui de l'écriture, simplement — et sur lequel on faisait appel à l'imagination du lecteur pour compléter ce qui n'était pas précisé, ou révélé.

« Venait ensuite une phrase qui, sans plus de précisions, indiquait cependant que l'artisan de l'entreprise, s'engageant pour sa part à faire au mieux de ses capacités, espérait, mais avec une certitude qui laissait supposer qu'il était néanmoins peu sûr de ses moyens — espérait qu'il procurerait à son destinataire, du nom d'Etienne ou Guy, je ne sais plus, une grande satisfaction.

« La phrase suivante, procédant par digressions, réussissait à recouvrir du voile de la banalité ce que la phrase précédente avait failli éclairer. La phrase qui jouxtait celle-ci, cheminant dans le marais obscur du maniérisme le plus agaçant, contournant la réalité et les faits, ne constituait qu'une redite de la phrase précédente et incitait à couper court si l'envie en prenait le lecteur.

« Le dernier paragraphe, exprimant l'autosatisfaction du narrateur, réaffirmait sa capacité à procurer à son destinataire l'agrément qu'il promettait. Ce que la phrase qui suivait, usant de la figure de la sentence, tentait de corroborer d'une manière affirmée. Mais, curieusement, le paragraphe se terminait abruptement, comme si le narrateur avait craint qu'il n'en fût pas ainsi et ne rencontrerait, en fait, qu'indifférence ; d'ailleurs sa dernière phrase trahissait vivement cette appréhension.

« C'était très intéressant, toute cette sensibilité, continua Montalin, mais en même temps que je te raconte ça, j'ai l'impression de confondre avec un autre texte. »

La carte postale

Alfred est entré chez le bouquiniste, il fouille dans le bac aux cartes postales. Soudain, il tombe en arrêt devant l'une. Elle représente le Grand Bazar parisien. Posant devant, dans un maintien sévère qu'accuse la barbe courte, le costume noir et la robe plissée sombre à col montant, quoique éclairés d'un sourire commerçant, le propriétaire et sa femme.

A la devanture sont suspendus et disposés de manière attrayante, commerçante et chalande, deux petits fauteuils en osier pour enfants, des ceintures, des seaux hygiéniques, des cannes à pêche et des épuisettes, des chaussures de plage, des lampes à socle métallique ou en plâtre, dont l'une avec un abat-jour plus foncé que les autres, des coffrets à bijoux recouverts de coquillages, des objets divers.

Alfred achète la carte et la glisse dans le magazine qu'il a à la main. Il la montrera à Jean-Louis qui doit venir chez lui en fin d'après-midi.

Quand Jean-Louis arrive, Alfred va chercher le magazine qu'il a posé sur la commode du salon. Il l'ouvre et ne trouve pas la carte postale. Il l'y cherche, feuillette posément, en vain. Il est désolé et Jean-Louis déçu. Il a dû la perdre en route. Un peu d'existence vient de disparaître définitivement.

Le moins que parfait

à Martin

Charles, vautré sur le parquet au milieu des débris de sa construction en meccano qu'il était en train de besogner, que son oncle lui avait rapporté, avait boulonné, accroché, coincé, superposé, jouxté et empilé. Au bout de cinq minutes, il avait regardé ce que ça avait donné :

Un corbo à peu près « bec et plumage, mais un renard, qui tout jura se sent phénix ! à peu près lui laisse un doute : joie maître hé sans sans semblez mentir flatteur écoute vaut ramage !...

Ç'avait été satisfaisant, un peu, et Charles, de ce premier résultat, il l'avait été, satisfait, quoiqu'un peu, en vérité, surpris. Il s'était pas attendu à ça, Charles. Et pendant qu'autour de la familiale table et ronde, de la salle à manger, les mâchoires paternelle, maternelle et avunculaire broyaient les cacahuètes, les petits bretzels et autres friandises salées, un second apéro avait suivi.

Sa bécane à réfléchir à Charles s'étant mise en mouvement, tout en considérant sa construction meccaneuse, bizarre, tout soudain un doute hargneux et aigre comme chicotin s'était glissé et avait grippé le huilé du pensage et de la satisfaction. Quelque chose cloche, s'était dit le Charles bricoleux, mais quoi ? s'était demandé illico le Charles sapiens ?

Ajouter d'autres plaques, en changer de place, ce fut l'affaire de quelques minutes, au Charles rapido, et après avoir fait, défait, il avait refait ; et ce que ça avait donné, ressemblait à ça :

Vit le monsieur doute un fromage en corbo. Il ouvre son langage à peu près : : semblez flatteur ce fromage en corbo « Honteux,,, mais le maître mentir dit : apprenez ce fromage : mais si !! écoute à peu près son odeur ; elle ne pas semblez c'est un ramage tout bon. Proie, le monsieur se saisit bec et plumage et se sent tout phénix,,,

Il avait alors considéré la nouvelle pouilleuse

construction ainsi obtenue, et cette fois à n'importe quoi, cette fois ça avait ressemblé. Il avait eu beau jongler con brio de l'écrou et du boulon, manier maestoso le tournevis et le coince-plaques, faire concomitamment fonctionner la machine à idées et l'outil d'assemblage en dix doigts déployé : c'était d'une mocheté à pleurer. Alors, après avoir réflexionné un laps, Charles, d'un coup de sa menotte encore bambine, mais décidée, avait la saleté envoyé dinguer.

Et après avoir, plein de vilains mots dans sa tête prononcé, Charles était redevenu calme et lui-même. Il n'allait tout de même pas pour un meccano d'occasion, un sang d'encre, se faire ! Et se remouchant, ou plutôt non, rectification, reniflant et renvoyant son mouchis au fond de son nez, il avait remis les bricoles, les rondibets et toutes les plaques dans la boîte. Après le dîner, pendant que l'oncle et les parents digéraient en buvant une petite marie brizard, Charles avait répondu « oui » à l'oncle qui lui avait demandé « alors tu t'amuses bien ? », et son père avait renchéri : « C'est un jeu marrant, le meccano, je me souviens. » Puis Charles avait dit : « Bon, eh bien je descends les ordures. » A quoi sa mère avait sobrement ajouté : « N'oublie pas de remettre le couvercle. »

Avec les ordures, Charles a embarqué la boîte de meccano et l'a refourrée dans la poubelle, où son oncle l'avait trouvée. Puis, après être monté sur un cageot qui traînait là, il a pissé sur la boîte, l'arrosant d'un gros jet. Tu parles d'un rêve, ce meccano ! Et il a remonté, Charles, les trois étages, en faisant un bruit de tous les diables dans l'escalier, avec ses chaussures.

Colique

A la place de Phébus de mes deux, lire : soleil.

A la place d'éponge verte bourrée de trous et de bosses, lire : prairie.

A la place de pisse pleine de merdes qui flottent, lire : rivière.

A la place de petits cons qui vous chient sur la gueule et n'arrêtent pas de brailler au-dessus de vos oreilles comme des malades, lire : oiseaux.

A la place de petits fumiers qui se glissent derrière votre cul et ne cherchent qu'à vous enviander avec leur saloperie de dard, lire : insectes.

A la place de rue incroyable tapissée de merdes chiées par des gros tas qui n'arrêtent pas de défoirer au point qu'il est impossible, même en regardant attentivement, de ne pas s'en coller plein les semelles, et où l'on croise des bouseux débiles, lire : chemin.

A la place de troquet minable qui pue le gras, avec des peigne-culs plantés comme des glands à vous regarder, lire : auberge.

A la place de pisse noire puant la merde, lire : café noir.

A la place de chiasse bourrée de paumés secoués comme de la merde et qui roupillent la bouche ouverte, ou se grattent le paquet d'une main complaisante par moments, lire : train.

Et à la place d'enfoirés qui vous gueulent aux fesses après avoir failli vous écraser avec leur caisse, lire : le retour foireux dans la capitale.

Côté cour

En général le café se prend, quand il fait beau, devant la porte de la cuisine, dans le jardin, près de l'abricotier. On recouvre la table en fer d'une nappe que l'on fixe avec des épingles à linge pour qu'un coup de vent ne vienne pas renverser les tasses à café. L'on s'assied et c'est un prétexte à bavarder en douceur un long moment avant que la vaisselle ne soit prise en mains. Les dalhias sont peut-être à trois mètres de nous, ainsi que les rosiers, près de la maison. Ils donnent l'impression d'être en visite ; à cause peut-être du fait que la pelouse du jardin, devant nous, est comme tirée à quatre épingles. C'est là sans doute un peu exagéré comme propreté, aussi ne faut-il pas tenir rigueur aux rosiers. Et c'est d'ailleurs notre attitude à leur égard : de la simplesse et de la bonté.

Durant que Ganaël ma femme et ses amis bavardent, au bout d'un moment, qui doit être convenable pour que ma retraite ne passe pas pour de l'impolitesse, je me lève et fais quelques pas dans le jardin, non loin de la table autour de laquelle ils sont assis.

Tout naturellement, ou par une volonté sournoise, il n'importe, l'examen proche d'un rosier me requiert. Faudra-t-il le rabattre cette année ou l'année prochaine ? Puis c'est une pivoine qui me fait réfléchir : ne serait-il pas bon d'en changer l'emplacement ? Ou une touffe de primevères qui a poussé en dehors du parterre, et qui a jusque-là échappé à ma binette — mais Ganaël ne souhaite pas que je l'arrache. Peut-être a-t-elle raison ? Il est vrai que nous n'avons pas tout à fait le même sens de l'ordre : je pencherais pour un peu plus de rigueur, tandis que Ganaël, plus artiste que moi, n'est pas ennemie d'un certain laisser-aller, témoin cette primevère dans l'allée.

Mené par ces problèmes, je me retrouve devant la maison, dans le petit bout de jardin qui la sépare de la rue. Mon oisiveté rejoint ici, à l'abri des regards, sa demeure tranquille.

Je m'assieds sur la première marche du petit perron et regarde, durant qu'il traverse mon espace visuel, un papillon, qui disparaît ensuite au-dessus des troènes. Et je songe qu'en ce moment il existe quelqu'un sur la terre qui n'a rien à dire d'intéressant ou de subtil, rien à faire remarquer à ses amis, rien à communiquer, et qui ne pense merveilleusement à rien.

Gilet marron

Berthe posa le gilet auquel elle travaillait et s'approcha de la fenêtre. Elle aspira goulûment l'air frais de sa petite poitrine sans intérêt. Elle crut discerner un parfum de coing mêlé à celui, mélancolieux, de mauvaises herbes brûlées. Elle en éprouva un certain contentement.

Puis elle se dirigea vers le buffet et examina la coupe de fruits qui y trônait sans surprise. Au milieu des pommes et des raisins, les poires attendaient que ça se passe. Des éclats de lumière mettaient en relief les rondeurs.

Berthe saisit une grappe. Un premier raisin résista sur sa langue et soudain creva en répandant son jus. Berthe sourit un brin. C'était tout de même bon, la gourmandise ; puis le deuxième, et d'autres grains, vite, après, s'engouffrèrent, serrés. L'axe de la grappe dégarni de ses raisins, ce fut ensuite une poire — qui fondit peu à peu dans la bouche de Berthe. Et comme l'excitation sucrée titillait son palais, une seconde suivit.

Le soleil avait à présent complètement disparu de l'horizon, laissant dans le bas du ciel une trace rouge orangé, comme un bout de tissu déchiré qu'on n'aurait pas ramassé. On entendait, venant d'un endroit du crépuscule difficile à situer, des sonnailles qui rentraient bovinement. Un chien ajouta son gargouillis sonore, et accentua ainsi la couleur splénétique de ce soir. Deux voix passèrent sur la route, à une dizaine de mètres ; l'une était grave, dans le genre confidence, l'autre riait haut et aigu par moments.

Berthe choisit cette fois une pomme et la frotta sur son gilet. Elle resta encore un moment dans l'encoignure de la fenêtre, attentive aux derniers bruits. Ayant tout à coup un peu frisquet, elle resserra son châle sur ses épaules en frissonnant ; puis, comme si une tâche urgente l'appelait, elle quitta son observatoire brusquement et disparut à l'intérieur de la maison remplie d'obscurité.

Deux minutes après, ou trois, Berthe reparut

et retourna s'accouder à la fenêtre. La nuit était maintenant d'une teinte à peu près unie. On n'entendait rien, hormis, venant de quelque part dans la maison, le chuintement de la chasse d'eau qui venait d'être tirée.

Gelé

L'air tremble comme une gélatine délayée et se dilue dans le temps qui passe en pure perte.

La porte d'une voiture claque dans le lointain, lequel est parcouru par des affairements inconsistants et habituels.

Bilbeau, qui a chaussé des patins, s'est élancé sur la glace mince du lac gelé. Il n'y a personne ce jeudi après-midi, et Bilbeau est content. Il y a longtemps qu'il n'a patiné ainsi. Cela lui rappelle des souvenirs, comme d'avoir lancé des boules de neige et...

En dépit des jambes agitées vite, volontairement, et malgré les mouvements anciens maladroitement mais passablement retrouvés, le moins large de soi offert au froid, le frimas glace à coups de petites aiguilles son visage. Il lève une jambe, l'autre ensuite, et, quoique maladroit, glisse sur la glace comme une pierre lancée qui ne sait où s'arrêter. L'air vif remue ses idées. A mesure qu'il patine, Bilbeau se dit que le temps est venu pour lui de prendre des résolutions. L'atmosphérique influe sur sa pensée, sans doute. Bilbeau songe qu'il ne peut continuer à être un brasse-projets, un remue-courants d'air — qu'à un moment donné, qu'un jour dans la vie, il faut pouvoir se regarder avec un peu d'étonnement, secouer violemment sa médiocrité et être quelque temps son propre admirateur. Or, ce jour est venu, se dit Bilbeau qui caresse cette idée dans sa tête, selon les courbes tracées sur la glace.

Bilbeau s'élance vers le bout du lac. Malgré le froid vif, le gel a commencé à se relâcher, cela se sent. Toute la nature s'amollit et Bilbeau glisse sur le lac, allégé.

Vu de face

« Qu'est-ce que tu fais près de chez moi ? » éclate Etienne-Charles qui se lave les mains dans l'évier, devant la fenêtre ouverte.

Et apostrophant Pierre-Marie qui passait là-bas dans le chemin, près de la grange :

« Si je te retrouve près de chez moi à rôder, je te mets la figure en sang. »

Pierre-Marie répond en s'éloignant sans hâte, bien que sa colère ou sa peur bouillonne, « qu'il s'occupe donc de ses affaires, parce que lui, Pierre-Marie, ne s'occupe que des siennes ».

« On sait bien que t'as fait des coups, réplique Etienne-Charles, et tout le monde le dit. Et si tu passes si vite, c'est peut-être même que t'étais venu en faire un chez moi. »

Pierre-Marie dit que les gens disent plus que ce qu'ils savent.

Et comme il continue de marcher, la haie le cache complètement, et donc il ne parle plus ; ce qui fait qu'il s'en va complètement.

Pendant ce temps-là, Etienne-Charles rentre dans la chambre et ouvre l'armoire. Il tire le grand tiroir et glisse la main sous les draps pour atteindre la pochette de tissu où il y a son argent.

Tout de suite il dit à Marguerite-Lise qu'il manque de l'argent.

Marguerite-Lise, qui est debout dans l'encadrement de la porte, après l'avoir suivi, s'étonne. Elle assure Dieu qu'il est impossible qu'il en manque. Etienne-Charles dit que si.

Marguerite-Lise dit qu'elle ne comprend pas. Qu'en tout cas s'il en manque, ce n'est pas elle qui y a touché, qu'il sait bien qu'elle ne touche jamais à l'argent sans lui en parler, qu'elle n'achète rien sans qu'elle le lui demande, il le sait bien.

Etienne-Charles dit : peut-être, qu'il n'en sait rien, qu'en tout cas toutes ces histoires commencent à lui échauffer les oreilles, qu'il manque de l'argent, il ne sait combien au juste, mais qu'il va falloir le retrouver. On refera les comptes et on le retrouvera, dit Marguerite-

Lise. Peut-être, et je l'espère bien, mais si Pierre-Marie revient par ici, je lui brise la figure car il doit avoir affaire avec l'argent manquant, dit Etienne-Charles.

Ils retournent, l'armoire fermée, dans la pièce, et, tisonnant le feu, Marguerite-Lise se tait.

Etienne-Charles tourne et grommelle.

Se redressant tout à coup, Marguerite-Lise, par la fenêtre restée ouverte, voit près de la grange, dans le chemin, Pierre-Marie qui repasse et regarde par ici en souriant. Etienne-Charles le voit aussi et regarde sa femme. L'autre disparaît

Bon Dieu, quelle réalité cache la réalité ? se demande Etienne-Charles. Et il se ressuie les mains, distraitement. Et il regarde à nouveau sa femme. Comment, par la pensée, peut-on avoir accès à la vraie réalité, ne serait-ce que pour peser dessus, ou la modifier au besoin ?

Marguerite-Lise, debout devant la cuisinière, a mis une cafetière à chauffer. Son visage est rouge. A moins qu'elle n'ait rougi ?

De mémoire d'homme

Marcel remplit le verre de Jérôme qui, devant lui, continue de manger. Il était en train de lui raconter, il ne sait pas pourquoi, un vague souvenir d'enfance, quand le loufiat est venu et l'a interrompu. Mais la chaleur du repas aidant, il continue :

— Quand je suis entré dans la cuisine, comme je te disais, j'ai vu la femme chez qui j'étais en pension : elle était en train de faire sa toilette. Ça m'a fait un coup, tu penses ! C'était la première fois que je voyais une femme nue : elle avait juste, je me souviens, sa culotte. Et j'ai dû faire une drôle de tête parce qu'elle m'a dit quelque chose comme : « Mon pauvre lapin, t'as été surpris de me voir comme ça ! »...

Jérôme s'exclame, au-dessus de son assiette de spaghetti qui se vide : « Ça a dû te faire quelque chose, en effet. »

Et Marcel renchérit : « Tu parles. » Et il se demande alors quelle image peut bien se faire Jérôme, de cette femme. D'ailleurs lui-même quel souvenir précis en a-t-il gardé ? Il sait qu'elle avait des cheveux gris ; mais à part ça, comment était-elle peignée ? De quelle manière souriait-elle ? Etait-elle jolie malgré sa cinquantaine — ou plus, ou moins ?

Il aimerait pouvoir se rappeler avec précision les masses charnues qui le troublèrent, les courbes, les généreuses mollesses, les teintes, les ombres. Mais aujourd'hui il ne lui reste que les mots pour leur donner de la réalité.

Jérôme dit : « Ça a dû être marrant, quand même... »

Marcel hoche la tête pour signifier que oui.

Et Jérôme : « J'aurais voulu voir ta tête. »

« Tu parles », continue Marcel dans le ton ému-embarrassé-et-enchanté de raconter cette anecdote.

Et Jérôme : « Elle était gironde ? »

Et Marcel : « Je pourrais pas te dire, mais je crois qu'elle avait de quoi », ment-il en regardant Jérôme dans les yeux afin de donner du poids à ses dires, et surtout lui laisser imaginer un épanouissement immodéré de seins et de fesses.

Marcel boit une longue rasade de bière, et aussitôt fait la grimace pour signifier qu'elle n'est pas bonne, mais qu'entre hommes on a du coffre pour supporter la bibine. Et pour masquer le flou et son mensonge sur soi, et le sentiment qu'il éprouve de se sentir aussi misérable que son copain Jérôme l'indifférent, Marcel ajoute : « C'était une très belle femme, et crois-moi, je garderai son image intacte jusqu'à ma mort. »

Désillusion sous un hêtre

Le ciel ressemble à un grand froc chiffonné de vieux. Il y a longtemps que Serge n'a pas vu un tel ciel, se dit-il en garant sa voiture à l'entrée du hameau, à une centaine de mètres des premières maisons. Apparemment, ils doivent tous être aux champs. Il n'y a eu qu'un rideau qui s'est écarté un peu et vite est retombé, comme il marchait au milieu de la route.

Voici qu'il arrive devant la maison où il a été en vacances quand il était petit. Elle est toujours pareille. Des volets verts et un crépi gris. Sauf les géraniums devant les fenêtres qui ne sont plus là. Ni les roses trémières près du grattoir sur lequel on décrottait ses chaussures. Il passe devant le lavoir où un jour il s'était furieusement aspergé avec un autre garçon. Et il arrive, vers la fin du village, au petit chemin qui passe entre les deux fermes dont l'une appartenait autrefois à Marin et l'autre à Belhomme. Le chemin conduit encore à un petit pré (c'était l'ouche aux poires). Un chien se précipite à la grille de la ferme et enfonce sa truffe dans le grillage pour hurler de tout près sa fureur.

C'est dans ce petit pré, sous le marronnier, près de la ferme, qu'il a éprouvé pour la première fois l'amertume des désillusions enfantines.

Les aboiements du chien d'à côté ne suscitant aucune curiosité villageoise, il regarde pendant un long moment le petit verger — appuyé à la barrière. Puis il retourne sur la route du village et se dirige maintenant vers le bois, à quelques centaines de mètres des dernières maisons.

Il arrive dans la clairière, qu'il ne reconnaît pas, mais où se trouve encore le hêtre sur le tronc duquel il a gravé son nom — qui n'y est plus. A moins que ce ne soit cela, son nom, cette sorte de large égratignure boursouflée, assez haut sur le tronc, qui se confond avec les irrégularités de l'écorce.

Avant de revenir vers le hameau, il s'arrête et pisse sous un hêtre au bord du chemin forestier. Il lui semble que ça mousse moins qu'autrefois, quand il était petit, et qu'il regardait ça avec beaucoup d'intérêt. Il faudra bien qu'un jour il vive en bon voisinage avec ses désillusions.

Impur

J'allais souvent travailler le mercredi après-midi chez mon copain Tibondeau : il était bon en maths et moi, la paresse paralysait un peu mon esprit d'analyse. Mais nous étions amis aussi. Ma mollesse s'accommodait bien de son envie de dominer et je ne répugnais pas à le laisser faire de longues démonstrations de géométrie ou à résoudre un problème à ma place. Je me contentais assez du rôle de faire-valoir. Je n'hésitais pas, non plus, à lui dispenser de flatteuses et discrètes louanges.

Je pensais alors, et dur comme fer, que le monde se divisait en médiocres, en modestes pervers de mon espèce, et en individus limpides et doués comme Tibondeau. Ses parents, me faut-il encore ajouter, étaient très aisés ; les ressources de ma mère, modestes.

Ce mercredi-là, Tibondeau me reçut en pyjama. Au début de la semaine il avait déclaré qu'il avait un gros rhume ; d'ailleurs, c'est vrai, il se mouchait abondamment durant les récréations et même en classe. Aussi me dit-il « salut » d'une voix très nasale. Je me moquai de lui. Il essaya de trouver une réplique, mais elle ne vint pas. C'était rare chez lui, car d'ordinaire c'était plutôt moi l'endormi. Et je pensai que finalement Tibondeau n'était peut-être pas aussi brillant ni spirituel comme il le croyait, tandis qu'il m'expliquait avec force astuces et plaisanteries les problèmes de maths qu'il résolvait toujours avant moi. J'ai sans doute tort de voir les choses ainsi, car en fait nous étions très liés, et rares étaient nos divergences ou nos sujets de disputes. L'une des rares fois où cela se produisit, ce fut à propos d'un caillou dans les reliefs duquel il avait voulu voir les traits d'un visage et moi une paire de fesses. Aussi, lorsqu'en entrant dans sa chambre il me dit : « Alors, comment va ton caillou ? Est-ce qu'il te fait toujours des sourires quand tu le retrouves le soir sur la cheminée ? » Je lui répondis : « Il va bien, je te remercie. Tiens, il a même fait un popo aujourd'hui. »

Lequel des deux avait raison sur ce point ? Tibondeau se montrait tellement assuré en toutes occasions, tandis que moi je n'avais pas précisément le don de convaincre...

Aussi lorsque vint le moment de nous quitter, ayant subi tout un après-midi la démonstration de l'intelligence de Tibondeau, cette idée de fesses ne m'amusait plus du tout, et je lui aurais volontiers laissé avoir raison si nous avions reparlé de mon caillou. Il avait gâché mon invention saugrenue et agréablement érotique.

Nous avions fini de travailler et je remballai mes affaires.

Je fourrai mes livres, mon compas et mon rapporteur dans mon sac, pendant que Tibondeau, souriant, m'attendait pour me raccompagner jusqu'à la porte de l'appartement. Or, comme j'étais penché sur mon cartable, en train de le fermer, je tournai par hasard la tête et vis près du lit tout proche ses habits de la veille jetés en désordre sur le parquet ciré. Et parmi eux je distinguai son slip : il était breneux.

Après qu'il m'eut serré la main, je commençai de descendre l'escalier. Je l'entendis derrière moi qui me criait : « Allez, salut petite tête, à demain. » Et la porte se referma.

En même temps que j'atteignais le rez-de-chaussée, je me dis que l'amitié fait partie des mots pompeux qu'on emploie souvent à tort et à travers.

En noir et blanc

Le téléphone dans la main, près de son visage, et lovée dans un fauteuil, Marie cause. Elle dit : « Comment ça... » Et elle reste en suspens tandis que Catherine, au bout du fil, nasille longuement. Marie écoute en souriant, le regard fixé sur le papier devant elle, plus précisément en haut, sous le plafond, près de la corniche. A une question de Catherine, Marie répond : « ... Juste un pamplemousse et un yaourt... Non, rien d'autre. » Et elle resuit le papier peint du regard jusqu'au plafond, en même temps elle saisit le cordon du téléphone et le tire pour le détirebouchonner. « Non, on ne se voit plus avec Stéphane... » Mais Catherine à l'autre bout l'interrompt, aussi Marie, attentive, examine les ongles nacrés de ses orteils qui sèchent. Deux petits coquillages, pense-t-elle. C'est pas nouveau, mais tant pis. Dans un blanc que laisse soudain Catherine, Marie va pour s'élancer, s'épancher, car, comme le dit souvent Catherine, ça fait du bien, mais l'autre reprend, de telle sorte que Marie de nouveau regarde le papier peint, puis la porte de sa chambre, le rayon de livres, les bibelots sur la cheminée, les colliers qui dégoulinent d'un pot, sur la commode. « Non, ce n'était plus possible, tu comprends », ajoute Catherine... Et Marie continue de détirebouchonner le fil. Elle aurait bien voulu lui dire qu'avec Stéphane, ç'avait été lamentable, qu'elle ne pouvait pas, car elle avait peur... Mais Catherine n'en finit pas de parler, aussi Marie se résigne-t-elle. Elle remonte ses genoux et écoute Catherine sans vraiment l'écouter. Elle écoute plutôt le bruit de sa voix ; un doux bruit humain qui réconforte malgré tout. Sa robe de chambre retroussée glisse sur ses cuisses, son ventre se découvre. Il y a des jours où l'on aimerait pouvoir causer. Et brusquement Catherine lui demande : « Et toi, comment ça va en ce moment ? » Marie regarde ses doigts de pied. Non. Non, elle ne va sûrement pas lui parler de blessure, de sa blessure à cet endroit-là, oui.

Mais peut-être que je lis trop de romans, songe Marie. Aussi répond-elle : « Ça va, ça va bien... »

S'échapper

On marchait mal, en se tordant les chevilles sur les gros pavés inégaux, avec, entre, des petits bouts d'herbe, parfois. Malgré les grands arbres de l'allée, qui faisaient de l'ombre, il faisait très chaud et on suait en revenant vers l'entrée du cimetière. C'est toujours étrange de voir des gens habillés en noir ou en sombre un jour d'été. La plupart, il est vrai, s'étaient dit qu'après tout on était en été, et avaient préféré rester en tenue idoine : costume clair, chemise largement ouverte sur la poitrine. Quelques femmes, en robe à fleurs, pensant que ça ferait plus enterrement, portaient à leur bras un sac noir, ce qui faisait également un peu drôle.

La tête de tous était baissée, et l'on regardait où l'on mettait les pieds avec ces fichus pavés. Derrière nous, dans son trou, j'imaginais Plume-au-vent, un voisin qu'on venait d'enterrer, allongé sous terre avec l'odeur humide tout autour de lui et un grand froid, comme jamais sans doute il n'en avait connu avant et dont il ne se débarrasserait pas. Ça faisait une impression pénible quand même.

Il paraît que sa femme a jeté toutes les affaires de son mari après sa mort, le lendemain même, des dizaines de boîtes dans lesquelles il entassait, paraît-il, tous ses fatras : des quantités de carnets couverts de dessins, de phrases inutiles, de textes bizarres dont un jour, je ne sais pas pourquoi, il m'avait donné un exemplaire, ou plutôt jeté de sa fenêtre. Elle n'a gardé que ses vêtements.

A quelques mètres devant moi, une femme corpulente marchait en balançant ses fortes hanches qu'elle avait serrées dans une robe noire collante. A cause des pavés irréguliers, elle s'appuyait pesamment sur le bras de son mari, sans doute. A chaque pas, tout le bas de son corps roulait lourdement, et je voyais sous sa robe comme des ailes très marquées.

Nous avançions sans rien dire et nous transpirions énormément car il faisait très chaud, ainsi que je l'ai dit, sous le soleil brûlant. Nous ressentions probablement tous la même impression pénible. Mais, même dans ces moments-là, me disais-je, on ne peut pas s'empêcher d'imaginer autre chose que ce que l'on voit, en évitant de regarder la réalité en face.

Et je songeais à Plume-au-vent, assis devant sa fenêtre, en train d'écrire, il y avait à peine deux semaines ; et je regardais fixement, aussi, les ailes de la culotte de la femme au corps émouvant.

Mélo

Après avoir tiré d'une pièce à l'autre la lourdeur de son existence tout un après-midi de dimanche, tandis que sa femme était chez sa mère, Munier a l'idée tout à coup de fouiller dans le cagibi. Il grimpe sur un escabeau et remue les cartons bourrés de n'importe quoi et déplace les cartons ficelés sur la dernière étagère, en haut. Or voilà qu'il tombe sur une vieille boîte à gâteaux. Il l'ouvre ; apparaissent pêle-mêle des paperasses dont l'odeur de vieux papiers lui monte brusquement aux narines. Munier descend la boîte et l'ouvre sur la table de la salle à manger. Il tire un menu de mariage, une image pieuse, un carnet d'adresses... Il n'en finit pas de goûter le sépia des jours au milieu de ces vieilles photos et ces lettres d'oncles, de cousins perdus de vue ou d'amis oubliés. Soudain, il met la main sur deux pages couvertes d'une écriture enfantine. Bien qu'il ne la reconnaisse pas, il se souvient d'en avoir été l'auteur. Il lit. C'est une histoire qu'il avait inventée quand il avait sept ou huit ans, difficile de savoir. Comme d'autres probablement qu'il avait dû écrire. Tout cela est si loin. Et il se dit, Munier, qu'il avait quand même de l'imagination. Elle est marrante, cette histoire, et il sourit. Il ne s'en souvenait plus, ce qui n'est pas étonnant ; mais surtout il ne se rappelait pas avoir eu de l'imagination. Sans doute qu'à cet âge tous les enfants ont de l'imagination...

Vers sept heures, lorsque sa femme rentra, elle lui dit qu'il avait une tête curieuse. C'est peut-être parce que j'ai trop regardé la télé cet après-midi, dit Munier. Aussi, le dîner avalé, se disant légèrement fatigué, il souhaita se coucher tôt. Sa femme, qui avait son indisposition, décida d'en faire autant.

Munier se déshabille, puis enfile son pyjama. Un pyjama en coton comme il en a toujours mis. Bleu, avec une ganse plus foncée autour du col. Comme sa mère lui en faisait déjà porter. Et il se lave les dents. C'est une vieille habitude acquise aussi avant son mariage, bien sagement.

Avant d'éteindre la lampe de chevet, Munier commence à expliquer à sa femme, déjà au lit, et dont il ne voit, dépassant du drap, que les cheveux — de beaux cheveux ondulés qui ont toujours été beaux d'ailleurs, ondulés presque naturellement —, il essaie de lui expliquer avant d'éteindre la lampe que le temps est une sorte de rêve éveillé dont on ne sait jamais à quel moment, finalement, on le vit réellement. Mais elle dort déjà.

Le cœur lourd

Entre les frottis sombres des feuilles, l'épine observe les boutons de fleurs, le rameau regarde le tronc, et celui-ci guette les branchettes. Une grande discorde immobile règne ici. Mais pour que tout soit contenu, pour que rien n'éclate au grand jour, rien ne transparaît. Pourtant tout est tension, disputes sourdes, lutte sans bruit, sans avertissement, sans quartier ! C'est à qui poussera son voisin, à qui prendra sa place, à qui le supplantera doucement mais sûrement en l'écrasant de sa puissance et sa brutalité, l'étouffera, le volera, le baisera, en somme.

Découpé en une infinité de polygones par les innombrables branches du taillis, le ciel, seul, échappe à cet égoïsme et ces disputes. Et tout autour, dans ce bleu, la mousse des arbres s'échevelle et les insectes tracent leurs graffiti transparents sans se lasser.

Kouka regarde les nuages tranquillement, fillettement : si elle tendait la main, elle pourrait en attraper un. Alors elle le porterait à ses lèvres pour voir quel goût il a. Mais que dirait Vincent ? Elle soupire, tandis que la main de Vincent quelque part sous elle frôle le chiendent.

La rivière, ou l'air, ou quelque chose d'autre, peu importe quoi, se déplace lentement, lourdement, basculé sens dessus dessous, et se laisse entraîner par son propre poids...

Et puis Vincent est parti si vite, il n'a tellement rien dit, comme s'il avait fait un vilain coup. Et l'abandonner ainsi... Comme si elle n'avait été qu'un tas d'humus ! Elle a bien essayé de le retenir, puis par des injures de l'éclabousser de vulgarité pour, sinon le faire rougir, du moins tenter de le retarder. Mais il ne s'est même pas arrêté ; il a continué ; il a disparu dans l'épaisseur du bois. Il se dirigeait vers la route.

Ce jour-là, on sentit combien le cœur pouvait être lourd dans la poitrine.

Terrine du chef

Mathilde écrit à Louise :

« Ma chère Louise, les taches légères et agréables à regarder qui remuaient dans le ciel, sont devenues sèches. Elles ont tremblé encore un peu, mais, de plus en plus fragiles, n'ont plus tenu que par un court trait. On s'attendait à ce qu'elles se détachent d'un jour à l'autre. Eh bien, c'est fait : depuis la semaine dernière elles ont commencé à se décrocher.

« Elles sont tombées sur le sol par dizaines de pelotes, par bandes de moineaux tristes, par régiments entiers, par troupes de petits fascistes qui causaient beaucoup de peine. Elles étaient si nombreuses qu'elles on recouvert rapidement le gazon du parc et comblé les caniveaux.

« Désormais la tristesse devant ce paysage souillé s'étend jusqu'où le regard peut aller.

« Maintenant les taches flottent comme une peau épaisse à la surface du lac et noircissent le sol. Dans quelque temps elle formeront de la boue, de la terre. Elles referont de l'existence comme chaque année, comme toujours. Crois-tu que ce soit triste ! ».

Soulagée de s'être un peu débondée, Mathilde fourre sa lettre dans une enveloppe, et va la mettre à la poste. Puis elle s'en retourne chez elle dans le brouillard, en marchant au bord de la route. Elle mange une brioche qu'elle a achetée à la boulangerie, à côté de la poste, quand elle entend derrière elle une voiture qui arrive très vite. Et soudain hurle en dérapant vers elle.

Frédéric, qui a été voir s'il y avait du courrier, revient et pose au milieu de la table deux enveloppes ouvertes négligemment. Il commence à écraser un parallélépipède de pâté sur une tranche de pain, quand Louise, reposant son bol de café, demande :

— C'est quoi, comme lettres ?

— Un catalogue de chez Tournex, répond Frédéric en commençant à mastiquer, et une lettre de ta marraine.

— Ah ! tiens, qu'est-ce qu'elle raconte ?

— Des conneries, comme d'habitude.

Café crème

La bouillie cosmique s'était solidifiée et avait fait des grumeaux. A la suite de quoi, des continents. Ils s'étaient soudés les uns aux autres, ou éloignés, tout ça un peu n'importe comment. Et puis des montagnes s'étaient mises autour des vallées. Il avait fait chaud et froid, et n'importe quelle température. De telle sorte que les dragons avaient progressivement disparu. Ensuite, ce furent les fées. Elles n'avaient pas résisté beaucoup plus longtemps ; la plupart, c'est de la poitrine qu'elles partirent.

Peu après, les grands champignons ne supportant pas toutes ces variations climatiques, tournèrent en eau et n'existèrent plus. Les nains qui les habitaient, minés par le chagrin et éprouvés à leur tour par tant de bouleversements, sombrèrent dans l'alcoolisme et retournèrent à leur tour au néant.

Terriblement affectés par la disparition des petits êtres à chapeaux pointus qui étaient de bons copains, les dinosaures s'enfoncèrent dans la profondeur des forêts, où ils s'évaporèrent.

Un vent fort puissant souffla alors. Il fit se succéder les jours les uns après les autres, et régulièrement, désormais.

Et un matin, les bulldozers, les marteaux-pilons, les autos, les télés et les moulinettes apparurent. La civilisation se déversa à gros bouillons par les caniveaux, les rues, les squares en empestant tout, se dit Dédé. Et il essuya la vitre embuée du bistrot où il prenait un jus, pour voir les gens qui marchaient vite dans la rue sous les flocons serrés. Heureusement qu'il restait ça : la neige !

TABLE

I

II

Achevé d'imprimer
le 13 décembre 1982
sur les Presses Bretoliennes
pour le compte des Editions Ramsay

Imprimé en France
Dépôt légal : Janvier 1983
N° d'édition : 589 — N° d'impression : 71